Polinización

Dona Herweck Rice

Asesoras

Sally Creel, Ed.D.
Asesora de currículo

Leann Iacuone, M.A.T., NBCT, ATC
Riverside Unified School District

Créditos de imágenes: pág.2 blinkwinkel/Alamy; págs.10–11 (fondo), pág.18 (fondo) iStock; pág.18 (superior) Cheryl Power/Science Source, pág.30 Scimat/ Science Source; pág.15 (inferior) GAP Photos/Getty Images; págs.28–29 (ilustraciones) Janelle Bell-Martin; todas las demás imágenes cortesía de Shutterstock.

Teacher Created Materials

5301 Oceanus Drive
Huntington Beach, CA 92649-1030
http://www.tcmpub.com

ISBN 978-1-4258-4658-9

Contenido

Trabajo en equipo

Músculo y hueso. Pez y agua. Leche y galletas. Algunas de las mejores cosas en la vida **dependen** una de la otra.

Bueno, es posible que la leche y las galletas no dependan una de la otra. ¡Pero la mayoría de las plantas y muchos insectos sí! Se necesitan unos a otros para **sobrevivir**.

Los insectos buscan polen en las flores. Algunas, como la venus atrapamoscas, ¡engañan a los insectos y se los comen!

A las nuevas plantas no se les ocurre de repente crecer. Necesitan ayuda para hacerlo. Aquí es cuando entran en acción los insectos. El viento y el agua también ayudan. Hacen posible que la mayoría de las plantas generen nuevas plantas.

¡Un gran trabajo!

Más del 90 por ciento de las plantas necesitan un **polinizador**.

Polinización

Los insectos, el viento y el agua ayudan a las plantas. Lo hacen a través de la polinización. Es decir, la forma en la que transportan **polen** de una planta a otra. Esto da inicio al proceso que permite el crecimiento de nuevas plantas.

Cada colmena tiene una abeja reina. Ella es la madre de todas las otras abejas.

¿Auto- o cruzada?

Una planta puede polinizarse sola. Se llama *autofertilización*. También puede polinizar otra planta con la ayuda de insectos, animales, el viento o el agua. Eso se llama *fertilización cruzada*.

autofertilización

fertilización cruzada

Partes de una flor

El polen es un polvo. Se encuentra en el extremo de los **estambres** de una flor. Los estambres son la parte masculina de la planta. Son largos y delgados. Fabrican el polen. En el extremo de cada estambre hay una **antera**. La antera contiene el polen.

¡Achís!

Algunas personas son alérgicas al polen. Cuando hay mucho polen de las flores, ¡es posible que no paren de estornudar!

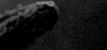

antera

estambre

El polen es el polvo que se encuentra en la antera.

Para generar una nueva planta, el polen debe llegar al **pistilo**. El pistilo es la parte femenina de la planta. El **estigma** se encuentra en la parte superior del pistilo. El tubo debajo de este es el **estilo**. El **ovario** se encuentra en la base del pistilo. Aquí se producen las semillas.

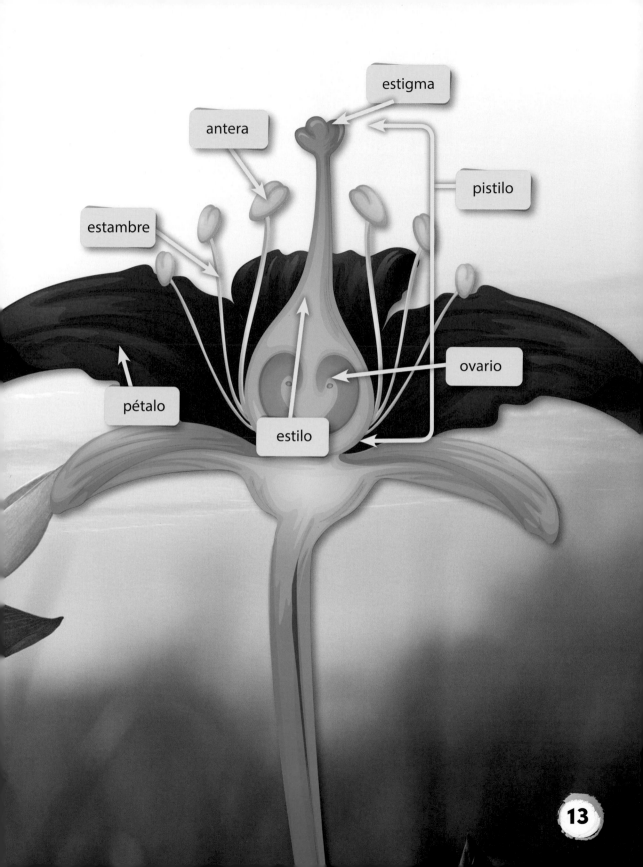

estigma

antera

estambre

pistilo

pétalo

ovario

estilo

13

En muchas flores, los pétalos protegen el pistilo. Lo rodean. Lo mantienen seguro.

El estigma puede ser pegajoso. El polen puede adherirse fácilmente a él. Luego, baja por el estilo. Llega al ovario.

Los pistilos pueden tener diferentes aspectos, pero todos tienen el mismo objetivo.

Después de que las plantas del algodón florecen, forman pequeños pelos. Estos pelos se usan para elaborar tela.

¿Una planta o dos?

Algunas plantas, tales como el maíz, tienen flores masculinas y femeninas en la misma planta. Otras plantas, como el sauce, tienen flores masculinas y femeninas en diferentes plantas.

las flores masculinas de un sauce

La ayuda está en camino

Las plantas no se levantan y se mueven por sí mismas. No tienen forma de trasladar el polen para hacer nuevas plantas. Necesitan ayuda. Los insectos, el viento y el agua les dan la ayuda que necesitan.

El polen puede transportarse en el pelaje de un animal.

El polen se adhiere a los insectos cuando se alimentan de las flores. Transportan el polen sobre ellos mientras vuelan. Parte de ese polen cae. O puede ser atrapado por el viento o la lluvia. De cualquier manera, ¡comienza el viaje del polen!

Granos de polen

Si observas el polen con un microscopio, esto es lo que verás. Puedes deducir por su forma con puntas que un grano de polen puede adherirse a las cosas fácilmente.

El polen se adhiere al cuerpo de una abeja.

estambre

pistilo

Interesante

El maíz tiene flores masculinas y
femeninas separadas. Los estambres
son las panojas del maíz. Los pistilos
son las mazorcas del maíz que todavía
no se han desarrollado.

Fertilización

En una planta, la célula masculina fertiliza a la célula femenina. El polen es la célula masculina. Las células femeninas están en el ovario. Entre las dos hacen las semillas.

semillas

ovario

Polinizadores

Los ayudantes que transportan el polen son los polinizadores. ¡Tienen un trabajo importante! Sin ellos, no habría nuevas plantas.

Los murciélagos, las polillas y las aves también son buenos polinizadores.

El viento y el agua también ayudan mucho. Pero dos tipos de seres vivos son los héroes más grandes. Son las abejas y las mariposas.

¡Bueno para ellas también!

Al ayudar a las plantas, las abejas y las mariposas también se ayudan a sí mismas. Se alimentan de las flores. ¡Necesitan plantas nuevas para seguir creciendo!

Abejas

¡Las abejas son algunos de los mejores polinizadores!
Tienen cuerpos peludos que atrapan el polen. Generalmente,
visitan el mismo tipo de flor. Así, mantienen el polen donde
se necesita. Su tamaño pequeño y las patas cortas también
ayudan a las abejas a meterse adentro de las flores.

Las mariposas tienen papilas gustativas en las patas. También tienen una lengua larga similar a un tubo que usan como una pajilla para succionar líquido.

Mariposas

Las mariposas también atrapan el polen en el cuerpo. Caminan sobre grupos de flores. Así, ayudan a esparcir el polen.

Rompecabezas de la naturaleza

La naturaleza es como un rompecabezas. Cada parte de la naturaleza se conecta para formar un asombroso todo. La polinización es así. Las plantas, los insectos, el viento y el agua son partes del rompecabezas. ¡Y la naturaleza necesita todas las piezas!

¡Hagamos ciencia!

¿Qué hay en el interior de una flor? ¡Obsérvalo por ti mismo!

Qué conseguir

○ cuchillo para mantequilla

○ flor con estambres y pistilo

Qué hacer

1 Observa la flor. Observa qué forma tiene. Mira todas sus partes.

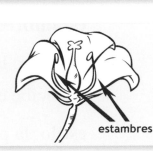

2 Pídele a un adulto que te ayude a encontrar los estambres. Tócalos y estúdialos. ¿Qué observas?

estambres

3 Pídele a un adulto que te ayude a encontrar el pistilo. Tócalo y estúdialo. ¿Qué observas?

pistilo

4 Retira cuidadosamente el pistilo. Con la ayuda de un adulto, córtalo y ábrelo. ¿Qué observas?

5 Haz dibujos de las partes de la flor. ¿Qué crees que hace cada parte?

Glosario

antera: la parte de una flor que contiene el polen

dependen: cuentan con o necesitan

estambres: las partes de una flor que fabrican el polen

estigma: la parte superior en el centro de una flor que recibe el polen

estilo: la parte central y delgada del pistilo

ovario: la parte de una planta donde se producen las semillas

pistilo: la parte femenina de una flor

polen: el polvo producido por las plantas y transportado a otras plantas, generalmente por el viento o los insectos, para que las plantas puedan producir semillas

polinizador: algo que transporta polen de una planta a otra

sobrevivir: permanecer vivo

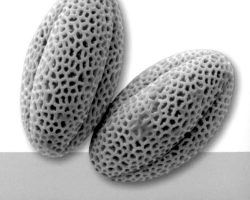

Índice

Crea un polinizador

Observa el mundo a tu alrededor para encontrar señales de polinizadores. Luego, usa artesanías o cosas de la naturaleza para hacer un modelo de un polinizador. ¿Qué hace el polinizador para transportar polen? ¿Cómo puedes mostrarlo?